Bierrezepte ohne Schnickschnack

EDITION XXL

Inhalt

Vorwort

Cerevisiam bibat! – Trinket Bier! Diese Empfehlung der Heiligen und Universalgelehrten Hildegard von Bingen zeigt, welche Bedeutung man früher dem Bier beigemessen hat. Schließlich enthält es mit Gerste, Hopfen und Wasser durchaus gesunde Inhaltsstoffe, deren Wirkung man zu schätzen wusste. Natürlich mit der Einschränkung, dass Bier aufgrund seines Alkoholgehaltes in Maßen genossen werden sollte.

Dass man Bier nicht nur trinken kann, zeigen wir Ihnen anhand der Rezepte in diesem Buch. Der Gerstensaft verleiht den Gerichten einen unnachahmlichen und würzigen Geschmack und gebratenes Fleisch erhält durch Bier eine schöne, glänzende Farbe. Diese positiven Eigenschaften des Bieres brachten auch Großvater dazu, öfter mal den Kochlöffel zu schwingen. Lassen Sie sich in die Geheimnisse seiner Kochkunst einweihen und servieren Sie Ihrer Familie Leckerbissen mit Leibgericht-Potential, wie z. B. Bierschaumsuppe mit Kürbis, Hühnerkeulen im Bierteig oder Weißbier-Gugelhupf.

Sämtliche Rezepte werden detailliert erklärt und können ganz einfach nachgekocht werden, eben ohne viel Schnickschnack. Je nachdem, welche Biersorte Sie verwenden, können Sie den Gerichten eine unterschiedliche, pikante Note geben. Probieren Sie es doch einfach mal aus und lassen Sie sich anstecken von Großvaters Begeisterung für köstliche Bierrezepte!

Ich wünsche Ihnen gutes Gelingen – und wohl bekomms!

Ihr Georg Bangert

Ratgeber

Geschichte des Bieres

Bier ist vermutlich das älteste alkoholische Getränk – und vor mehreren tausend Jahren zufällig entstanden, indem Gerstenbrei zu gären begann. Offenbar fand man an dem berauschenden Getränk Gefallen, denn im Laufe der Zeit wurde die Braukunst immer mehr verfeinert. Welche Bedeutung das Bier bereits im Mittelalter hatte, sieht man am Erlass des Reinheitsgebots im Jahr 1516, welches besagt, dass das Gebräu nur Wasser, Hopfen und Gerste enthalten darf. Im Prinzip ist dieses Gebot heute noch gültig, auch wenn später noch die Hefe hinzukam und andere leichte Änderungen vorgenommen wurden.

Über das Bier

Bier entsteht durch alkoholische Gärung von Malz, Hopfen und Wasser. Bei untergärigen Bieren wird Gerstenmalz verwendet, bei obergärigen auch Malz von anderen Getreiden, wie z.B. Weizen oder Dinkel. Der Hopfen verleiht dem Bier seine herbe Note. Das Wasser hat einen Anteil von 90 Prozent und stammt oft aus brauereieigenen Quellen.

Die Stammwürze bezeichnet den Anteil der aus dem Malz gelösten Stoffe in der noch unvergorenen Würze. Je höher dieser Anteil, desto stärker ist das Bier.

Ob ein Bier ober- oder untergärig ist, kommt auf die Hefe und die Gärungstemperatur an: Die obergärige Brauweise arbeitet mit Temperaturen zwischen 15 und 20 °C, die untergärige zwischen 4 und 9 °C.

Die Farbe des Bieres wird durch die Farbe des Malzes bestimmt und dessen Farbe wiederum hängt von der Höhe der Temperatur beim Trocknen des Malzes ab: Je höher die Temperatur, desto dunkler wird das Bier. Da das Malz früher über dem offenen Feuer getrocknet wurde, war die Farbe immer dunkel. Erst mit der Entwicklung von ausgefeilten Mälztechniken wurde die Herstellung von hellem Bier möglich.

Gerste
Wird in Wasser eingeweicht, bis sie keimt. Dann wird sie getrocknet, geschrotet und zu Malz weiterverarbeitet.

Wasser

Hopfen
Der Hopfen ist die bittere Komponente des Bieres, ohne ihn würde es sehr süß schmecken. Aber auch die Haltbarkeit wird durch ihn beeinflusst.

Der deutsche Pro-Kopf-Verbrauch von Bier liegt im Schnitt bei 102 Litern Bier pro Jahr.

Kleine Bier-Kunde

Pils

Das meistgetrunkene Bier Deutschlands ist untergärig, hell und hat einen feinen Schaum. Der Geschmack ist herb und hopfenbetont.

Export

Das untergärige Vollbier hat einen höheren Alkoholgehalt als Pils. Sein Name bezieht sich darauf, dass es wegen seiner längeren Haltbarkeit gut für den Export geeignet war.

Helles Lagerbier

Der Name dieses untergärigen Vollbiers bezieht sich auf seine lange Lagerfähigkeit im Vergleich zu anderen Bieren. Es ist hellgelb und hat ein kräftiges Aroma. Es gibt auch dunkles Lagerbier, welches vor allem in Bayern sehr beliebt ist.

Altbier

Das obergärige Vollbier hat ca. 4,8 % Alkohol. Sein Geschmack ist hopfenbetont und die Farbe dunkel bernsteinfarben. Es ist besonders in Düsseldorf und am Niederrhein verbreitet.

Kölsch

Diese regionale Spezialität ist obergärig, hellgelb und hat eine dezente Hopfennote. Es wird aus der sogenannten Kölner Stange, einem schmalen, geraden Glas, getrunken.

Schwarzbier

Das untergärige, spritzige Vollbier erhält seine dunkle Farbe durch die Verwendung dunkler Röstmalze.

Berliner Weiße

Das obergärige Schankbier hat nur ca. 2,8 % Alkohol und wird hauptsächlich in Berlin und Umgebung getrunken. Es ist spritzig, leicht trüb und säuerlich.

Weizenbier / Weißbier

Weizenbier gibt es als Hefeweizen (naturtrüb) und als Kristallweizen (klar), bei dem die Hefe ausgefiltert wurde. Es schmeckt fruchtig und hat einen Weizenmalzanteil von mindestens 50 Prozent.

Bierschaumsuppe
mit Kürbis

Zubereitung:

1. Den Kürbis schälen, die Kerne und das faserige Innere mit einem Löffel entfernen und das Kürbisfleisch in Würfel schneiden.

2. Die Butter in einem Topf schmelzen, die Kürbisstücke darin anbraten und mit dem Mehl bestreuen. Unter Rühren mit der Hühnerbrühe und dem Bier aufgießen. Die Suppe ca. 15 Minuten köcheln lassen.

3. Die Kürbiskerne in einer Pfanne ohne Fett anrösten.

4. Die Suppe pürieren. Die Sahne unter die Suppe ziehen und mit Muskat, Salz und Pfeffer abschmecken. Die Suppe in Teller geben und die Kürbiskerne darüber streuen.

Tipp:

Für die Suppe eignen sich alle Arten von Speisekürbissen. Gleich zwei Vorteile hat Hokkaido: Sie müssen ihn nicht schälen und er verleiht der Suppe eine besonders intensive Farbe.

Zutaten:
(für 4 Personen)

500 g Kürbis

50 g Butter

30 g Mehl

500 ml Pils

500 ml Hühnerbrühe

20 g Kürbiskerne

100 ml süße Sahne

Muskatnuss

Salz, Pfeffer

40 Minuten

Gulaschsuppe

110 Minuten

Zutaten:
(für 4 Personen)

2 Knoblauchzehen
1 Zwiebel
1 rote Paprikaschote
1 gelbe Paprikaschote
1 grüne Paprikaschote

1 Karotte
4 große Kartoffeln
500 g Rindergulasch
3 EL Pflanzenöl
3 EL Paprikapulver, edelsüß

2 EL Tomatenmark
2 Lorbeerblätter
300 ml dunkles Bier
1 l Rinderfond
Salz, Pfeffer

Zubereitung:

1. Den Knoblauch und die Zwiebel abziehen und fein hacken. Die Paprikaschoten waschen, putzen und in grobe Stücke schneiden. Die Karotte schälen, putzen und ebenfalls in grobe Stücke schneiden. Die Kartoffeln schälen, waschen und in mittelgroße Würfel schneiden.

2. Das Gulasch waschen und mit Küchenkrepp trocken tupfen. In einem großen Topf das Öl erhitzen und das Fleisch darin scharf anbraten. Mit dem Paprikapulver bestreuen.

3. Das Tomatenmark und die gehackten Zwiebeln dazugeben und mitbraten, bis alles leicht angebräunt ist. Die Lorbeerblätter dazugeben und mit dem Bier und dem Rinderfond ablöschen bzw. auffüllen.

4. Bei geschlossenem Deckel ca. 60 Minuten bei mittlerer Hitze schmoren lassen.

5. Die Kartoffel- und die Paprikastücke dazugeben und weitere 20 Minuten köcheln lassen, bis das Gemüse gar ist.

6. Zum Schluss noch mit Salz und Pfeffer abschmecken. Dazu passt frisches Bauernbrot.

Tipp:

Wenn Sie Ihr Gulasch selbst schneiden möchten, nehmen Sie dafür am besten ein Stück aus der Hohen Rippe, der Schulter oder der Ober- und Unterschale. Schneiden Sie das Fleisch dann mit einem scharfen Messer in ca. 3 x 3 cm große Stücke.

Linsensuppe

Zubereitung:

+ Einweichzeit: über Nacht

80 Minuten

1. Die Linsen über Nacht in dem Bier einweichen.

2. Die Zwiebeln abziehen und würfeln. Den Speck ebenfalls in Würfel schneiden und in einem Topf bei mittlerer Hitze anbraten. Die Zwiebeln dazugeben und mitbraten.

3. Die Linsen mit dem Bier hinzufügen und mit ½ Liter heißem Wasser auffüllen. Die Lorbeerblätter hineingeben und alles ca. 40 Minuten köcheln lassen.

4. Den Lauch putzen, waschen und klein schneiden. Die Karotten, die Sellerieknolle und die Kartoffeln putzen, schälen und klein schneiden.

5. Das Gemüse ca. 10 Minuten vor Ende der Garzeit zu den Linsen geben. Mit der Gemüsebrühe auffüllen und mit dem Essig, Salz und Pfeffer abschmecken. Dazu passt frisches Bauernbrot.

Tipp:

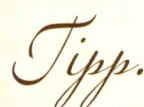

Wer Hülsenfrüchte nicht gut verträgt, sollte noch etwas mehr Essig zur Suppe geben. Dieser sorgt für eine bessere Verdaulichkeit und wirkt Blähungen entgegen.

Zutaten:
(für 4 Personen)

250 g Linsen

1 Flasche Schwarzbier

2 Zwiebeln

125 g Frühstücksspeck

2 Lorbeerblätter

1 Stange Lauch

2 Karotten

1 kleine Sellerieknolle

4 große Kartoffeln

½ l Gemüsebrühe

2 EL Essig

Salz, Pfeffer

Tipp:

Die Tellersülze ist ein ideales Gericht, wenn es am Vortag Braten gab und noch einige Scheiben übrig geblieben sind. Ansonsten können Sie auch fertigen Bratenaufschnitt kaufen.

Tellersülze

Zutaten:
(für 4 Personen)

Verschiedene Gemüsesorten
   (z. B. Tomaten, Radieschen,
   Maiskölbchen, Frühlingszwiebeln)
6 Blatt Gelatine
2 Eier
1 Bund gemischte Kräuter
1 l Bier
1 TL Senfkörner
1 TL Pimentkörner

1 TL Pfefferkörner
1 Lorbeerblatt
4 EL Bieressig
500 g fertiger Braten
Salz

Außerdem:
Schnittlauchröllchen zum
   Dekorieren

Zubereitung:

1. Das Gemüse waschen, putzen, eventuell den Strunk entfernen und in Stücke schneiden. Die Gelatine in kaltem
   Wasser einweichen. Die Eier hart kochen, pellen und in
   Scheiben schneiden. Die Kräuter waschen und trocken
   schütteln.

2. Das Bier in einem Topf erhitzen, die Gewürze und die
   Kräuter dazugeben und alles ca. 10 Minuten köcheln
   lassen. Den Biersud durch ein Sieb gießen, mit Salz
   und Essig abschmecken und die eingeweichte Gelatine
   darin auflösen.

3. Den Braten in Scheiben schneiden. Die Teller mit dem
   Braten, dem Gemüse und den Eiern dekorativ belegen.
   Den Sud darübergießen und erkalten lassen.

4. Vor dem Servieren mit Schnittlauchröllchen bestreuen.
   Zur Tellersülze passt auch gut eine Marinade aus Essig,
   Öl, Salz und Pfeffer.

Obatzter mit Weißbier

Zubereitung:

1. Den Camembert und den Brie in kleine Würfel schneiden und zusammen mit dem Bier in eine Schüssel geben. Alles mit einer Gabel zerdrücken und zu einer cremigen Masse verarbeiten.

2. Die Zwiebel abziehen, in feine Würfel schneiden und unter die Käsemasse heben. Den Obatzter mit Paprikapulver, Salz und Pfeffer abschmecken.

3. Zum Obatzter schmecken Weißbrot, kräftiges Sauerteigbrot oder Laugenbrezeln.

Tipp:

Für den Obatzter sollten sowohl der Camembert als auch der Brie schon etwas reifer sein. Dann lassen sie sich besser verarbeiten und der Obatzter schmeckt schön kräftig.

Zutaten:

(für 4 Personen)

200 g Camembert

200 g Brie

100 ml Weißbier

1 Zwiebel

Paprikapulver

Salz, Pfeffer

15 Minuten

Flammkuchen
mit Sauerkraut und Blutwurst

Zutaten:
(für 4 Personen)

200 ml Bier (z. B. Hefe-Weißbier)
20 g Hefe
300 g Mehl
3 EL Öl
1 TL Salz
200 g Blutwurst
1 kleine Dose Sauerkraut
100 g geriebener Emmentaler

60 Minuten

Zubereitung:

1. Das Bier handwarm erhitzen und die Hefe hineinbröckeln. Aus dem Mehl, der Hefebiermischung, dem Öl und dem Salz einen Teig herstellen. Mit einem Handtuch zudecken und an einem warmen Ort so lange gehen lassen, bis sich der Teig verdoppelt hat.

2. Den Backofen auf 200 °C (Umluft 180 °C) vorheizen. Die Blutwurst in feine Stücke schneiden.

3. Den Teig auf einer bemehlten Arbeitsfläche sehr dünn ausrollen und auf ein gefettetes oder mit Backpapier ausgekleidetes Backblech legen. Mit dem Sauerkraut belegen und mit den Blutwurststücken und dem Käse bestreuen. Im vorgeheizten Backofen ca. 15 Minuten backen.

4. Der Flammkuchen wird besonders knusprig, wenn Sie ihn auf einem gelochten Pizzablech backen.

Tipp:

Sie können den Flammkuchenteig auch ohne Hefe zubereiten. Kneten Sie aus den angegebenen Zutaten einen Teig und lassen Sie ihn vor dem Ausrollen ca. 15 Minuten ruhen. Der Flammkuchen wird dann etwas dünner und knuspriger.

Bierbeize für Fleisch

Zutaten:
(für 4 Personen)

2 Bund gemischte Kräuter
4 Knoblauchzehen
250 ml Pils
2 EL scharfer Senf
Salz, Pfeffer

Zubereitung:

1. Die Kräuter waschen, trocken schütteln und mit Küchenkrepp trocken tupfen. Die Knoblauchzehen abziehen.

2. Alle Zutaten in eine Küchenmaschine geben und zu Pesto verarbeiten. Das Pesto mit Salz und Pfeffer abschmecken.

3. Zum Beizen sollte das Fleisch ca. 24 Stunden in der Bierbeize eingelegt werden, wenn möglich an einem kühlen Ort oder im Gemüsefach des Kühlschranks.

15 Minuten

Marinierte *Leiterchen*

30 Minuten

+ Einlegezeit: 8 Stunden

Zutaten:
(für 4 Personen)

4 Knoblauchzehen
250 ml dunkles Bier
250 ml Malzbier
½ Tube Tomatenmark
1 TL scharfes Paprikapulver
1 TL gemahlener Pfeffer
½ TL Salz
1,5 kg Leiterchen
  (Schälrippchen)

Zubereitung:

1. Die Knoblauchzehen abziehen und fein hacken. Die beiden Biersorten mit dem Knoblauch, dem Tomatenmark, dem Paprikapulver, dem Pfeffer und dem Salz verrühren.

2. Die Leiterchen in die gewünschte Größe zerteilen, in eine Schüssel legen und mit der Marinade begießen. Das Fleisch sollte ca. 8 Stunden eingelegt werden.

3. Die Leiterchen im Backofen unter dem Grill ca. 20 Minuten braten und dabei immer wieder mit der verbliebenen Marinade einpinseln.

Bierleber
mit Petersilienkartoffeln

Zutaten:
(für 4 Personen)

500 g Rinderleber
1 rote Paprikaschote
1 gelbe Paprikaschote
1 Bund Frühlingszwiebeln
2 EL Mehl
2 EL Butter
500 ml dunkles Bier
1 EL Honig
4 Sternanis
Salz, Pfeffer

Für die Petersilien-
kartoffeln:
800 g Kartoffeln
2 EL Butter
1 Bund Petersilie
1 TL Salz

60
Minuten

Zubereitung:

1. Die Leber in Würfel schneiden. Das Gemüse waschen, putzen und in mundgerechte Stücke schneiden.

2. Die Leberstücke mit Mehl bestäuben, die Butter in einer Pfanne schmelzen und die Leber mit dem Gemüse darin anbraten.

3. Mit dem Bier aufgießen. Den Honig und den Sternanis dazugeben und alles ca. 10 Minuten köcheln lassen. Mit Salz und Pfeffer abschmecken.

4. Die Kartoffeln waschen, in Salzwasser gar kochen und pellen. Die Butter in einer Pfanne erhitzen, die Kartoffeln rundum kurz anbraten und mit Salz würzen.

5. Die Petersilie waschen, trocken schütteln, fein hacken und über die Kartoffeln streuen. Zusammen mit der Leber auf Tellern anrichten.

Tipp:

Zu diesem Gericht passt sehr gut ein frischer Feldsalat mit einer Marinade aus 1 fein gehackten Zwiebel, 2 Esslöffeln Öl, 1 Esslöffel Essig, Salz und Pfeffer.

Bierfleisch mit Kräutern

Zutaten:
(für 4 Personen)

40 Minuten

1 Zwiebel
2 Knoblauchzehen
1 Bund gemischte Kräuter
600 g Schnitzelfleisch
2 EL Mehl
2 EL Pflanzenöl
500 ml Altbier
1 EL Zucker
2 EL Bieressig
Salz, Pfeffer

Zubereitung:

1. Die Zwiebel und den Knoblauch abziehen und fein hacken. Die Kräuter waschen, trocken schütteln und ebenfalls fein hacken.

2. Das Schnitzel in Streifen schneiden, mit Salz und Pfeffer würzen und mit Mehl bestäuben. In einem Topf das Öl erhitzen und das Fleisch darin anbraten.

3. Die Zwiebel und den Knoblauch dazugeben und mitbraten. Dann mit dem Bier aufgießen und auf die Hälfte einkochen lassen. Die Kräuter hinzufügen und mit Zucker, Essig, Salz und Pfeffer abschmecken.

4. Dazu schmeckt Reis sehr gut.

Bierkraut
mit Schweinebauch

Zutaten:
(für 4 Personen)

500 g Weißkohl
500 g Schweinebauch
3 Kartoffeln
1 Zwiebel
40 g Schmalz
1 TL Kümmel
2 Lorbeerblätter

4 Wacholderbeeren
2 EL Zucker
500 ml Bier
3 Äpfel
3 EL Bieressig
Salz, Pfeffer

50 Minuten

Zubereitung:

1. Die äußeren Blätter des Weißkohls entfernen und den Kohl in Streifen schneiden.

2. Das Fleisch in Würfel schneiden. Die Kartoffeln schälen und in mundgerechte Stücke schneiden. Die Zwiebel abziehen und fein hacken.

3. Die Schweinebauchwürfel mit dem Schmalz in einem Topf anbraten, den Weißkohl, die Zwiebel, die Kartoffeln, die Gewürze und den Zucker dazugeben. Mit dem Bier und dem Bieressig aufgießen und alles ca. 20 Minuten köcheln lassen.

4. Die Äpfel waschen, entkernen und in Stücke schneiden. Die Apfelstücke unter das Bierkraut mischen und kurz durchziehen lassen. Mit Salz und Pfeffer abschmecken und servieren.

Tipp:

Noch würziger wird das Bierkraut, wenn Sie statt Schweinebauch Räucherspeck verwenden. Sie können ihn genauso verarbeiten, wie im Rezept für Schweinebauch angegeben.

Bierkoteletts
mit Wurzelgemüse

+ Marinierzeit:
2 Stunden

50 Minuten

Zubereitung:

1. Die Koteletts in eine Schüssel legen, mit dem Bier übergießen und für 2 Stunden marinieren. Dabei darauf achten, dass das Fleisch komplett mit Flüssigkeit bedeckt ist.

2. Danach die Koteletts aus der Marinade nehmen und mit Küchenkrepp trocken tupfen. Die Biermarinade aufbewahren für das Gemüse. Mit Salz und Pfeffer würzen und anschließend in Mehl wenden.

3. Den Sellerie und die Karotten schälen, putzen und in kleine Stücke schneiden. Den Lauch putzen, waschen und in Ringe schneiden. Die Tomaten waschen, vom Strunk befreien und in kleine Stücke schneiden.

4. Das Öl in einer Pfanne erhitzen und die Koteletts von beiden Seiten scharf anbraten. Mit einem Deckel abdecken und weitere 5 bis 10 Minuten garen. Aus der Pfanne nehmen und warmstellen.

5. Das Tomatenmark in die Pfanne geben und kurz erhitzen. Das Gemüse dazugeben und mit anrösten. Anschließend mit der Biermarinade aufgießen, gar kochen und mit Salz und Pfeffer abschmecken. Zusammen mit den Koteletts servieren.

6. Das Gemüse mit den Koteletts auf Tellern anrichten und servieren.

Zutaten:
(für 4 Personen)

4 Koteletts vom Schwein
250 ml Pils
3 EL Mehl

1 Knolle Sellerie
3 Karotten
½ Stange Lauch

4 Tomaten
3 EL Öl
2 EL Tomatenmark

Biereintopf mit Gemüse

Zutaten:
(für 4 Personen)

150 g Rindfleisch
150 g Schweinebauch
100 g geräucherter Speck
2 Karotten
1 Kohlrabi
2 Petersilienwurzeln
¼ Sellerieknolle
1 Stange Lauch
½ Weißkohl

4 Kartoffeln
2 Knoblauchzehen
2 Zwiebeln
1 Bund gemischte Kräuter
1 l Altbier
4 Pimentkörner
2 Lorbeerblätter
Salz, Pfeffer

90 Minuten

Zubereitung:

1. Die beiden Fleischsorten und den Speck in Würfel schneiden. Die Karotten, den Kohlrabi, die Petersilienwurzeln und die Sellerieknolle schälen, putzen und in mundgerechte Stücke schneiden. Den Lauch waschen, putzen und in Ringe schneiden. Vom Weißkohl die äußeren Blätter und den Strunk entfernen, dann in Streifen schneiden. Die Kartoffeln waschen, schälen und in Würfel schneiden.

2. Die Zwiebeln und die Knoblauchzehen abziehen und fein hacken. Die Kräuter waschen, trocken schütteln und fein hacken.

3. Alle Zutaten außer den gehackten Kräutern in einen Topf geben und ca. 60 Minuten köcheln lassen.

4. Zum Schluss die Kräuter hineinrühren und mit Salz und Pfeffer abschmecken.

Dieser Biereintopf ist ein altes Rezept aus der belgischen
Region Flandern, wo er nur mit Rindfleisch zubereitet wird.
Wenn Sie diese Variante probieren möchten, kaufen Sie einfach
400 g Rindergulasch statt der angegebenen Fleischsorten.

Zutaten:
(für 4 Personen)

300 g Rindfleisch	1 Stange Lauch	Muskat
300 g Schweinebauch	500 g Kartoffeln	Salz, Pfeffer
2 Zwiebeln	2 EL Butter	
2 Knoblauchzehen	500 ml helles Bier (Export oder Pils)	

Elsässer *Kartoffelauflauf*

Zubereitung:

1. Den Backofen auf 180 °C Ober- und Unterhitze vorheizen.

2. Die beiden Fleischsorten in Würfel schneiden. Die Zwiebeln und die Knoblauchzehen abziehen und fein hacken. Den Lauch putzen, waschen und in Ringe schneiden. Die Kartoffeln schälen und in Scheiben hobeln.

3. Eine feuerfeste Form mit Deckel mit der Butter ausstreichen. Das Fleisch abwechselnd mit den Zwiebeln, dem Knoblauch, dem Lauch und den Kartoffelscheiben in die Form schichten.

4. Jede Schicht mit Muskat, Salz und Pfeffer würzen. Die restlichen Kartoffeln auf dem Auflauf verteilen.

5. Das Bier seitlich eingießen, die Form mit dem Deckel verschließen und das Gericht im vorgeheizten Backofen ca. 1 ½ Stunden garen.

Tipp:

Dieses alte elsässische Gericht wird im Original mit Wein gekocht. Früher bereitete man es in einer Tonterrine zu. Diese wurde im Ofen des Bäckers gegart, um die Restwärme auszunutzen. Daher stammt auch der ursprüngliche Name „Baeckeoffe" (Bäckerofen).

Bierkrustenbraten

Zubereitung:

1. Den Backofen auf 180 °C Ober- und Unterhitze vorheizen.

2. Die Schwarte der Schweineschulter mit einem scharfen Messer rautenförmig einschneiden und mit Paprika, Salz und Pfeffer würzen.

3. Die Karotten und die Sellerieknolle putzen, schälen und grob zerkleinern. Die Zwiebel und die Knoblauchzehe abziehen und klein hacken. Den Lauch waschen, putzen und in Ringe schneiden.

4. Das Fleisch mit der Schwarte nach oben in einen Bräter geben. Das Bratfett und das Gemüse um das Fleisch verteilen und im vorgeheizten Backofen ca. 1 ½ Stunden braten. Dabei immer wieder mit dem Bier begießen.

5. Das Fleisch aus dem Bräter nehmen und warm stellen. Den Bratensaft durch ein Sieb abgießen. Das restliche Bier mit der Speisestärke glatt rühren, zu der Soße geben und einmal aufkochen. Zum Schluss mit Salz und Pfeffer würzen.

6. Servieren Sie den Braten mit Krautsalat und Knödeln.

120 Minuten

Zutaten:
(für 4 Personen)

1 ½ kg Schweineschulter
  mit Schwarte
1 Karotte
¼ Knolle Sellerie

1 Zwiebel
1 Knoblauchzehe
½ Stange Lauch
2 EL Bratfett

1 l Bier
1 EL Speisestärke
Paprikapulver, edelsüß
Salz, Pfeffer

Bierfrikadellen
mit Zwiebeln

Zubereitung:

1. Das Brötchen in Würfel schneiden und ca. 20 Minuten in 250 ml Bier einweichen. 1 Zwiebel abziehen und fein würfeln. Die restlichen 6 Zwiebeln abziehen und in feine Streifen schneiden.

2. Das Brötchen gut ausdrücken und mit dem Hackfleisch, den Eiern und den Zwiebelwürfeln zu einer glatten Masse verkneten. Mit Salz und Pfeffer würzen.

3. Mit angefeuchteten Händen 8 Frikadellen formen. Das Öl in einer Pfanne erhitzen und die Frikadellen darin bei mittlerer Hitze von beiden Seiten ca. 8 Minuten anbraten. Aus der Pfanne nehmen und warm stellen.

4. Die Zwiebelstreifen in die Pfanne geben und anbraten. Mit den restlichen 50 ml Bier ablöschen und einkochen lassen. Mit Salz und Pfeffer abschmecken.

Tipp:

Dazu passt ein selbstgemachtes Kartoffelpüree: einfach 800 g Salzkartoffeln mit etwas Butter, Milch, Muskat, Salz und Pfeffer mit einem Kartoffelstampfer zu Püree verarbeiten.

Zutaten:
(für 4 Personen)

1 Brötchen vom Vortag
300 ml dunkles Bier
7 Zwiebeln
500 g gemischtes Hackfleisch

2 Eier
2 EL Öl
Salz, Pfeffer

50
Minuten

Gedünstetes *Eisbein*

Zutaten:
(für 4 Personen)

4 Eisbeine
2 Lorbeerblätter
5 Wacholderbeeren
5 Pimentkörner
1 l Hefe-Weißbier
750 g Sauerkraut
2 EL Essig
Salz, Pfeffer

110
Minuten

Zubereitung:

1. Das Fleisch mit den Gewürzen und ½ Liter Hefe-Weißbier in einen Topf geben und je nach Größe der Eisbeine 1 bis 1½ Stunden köcheln lassen.

2. Das Sauerkraut in einen Bräter geben und das Fleisch darauf setzen. Den Sud und das restliche Bier hinzufügen und das Ganze ca. 20 Minuten köcheln lassen.

3. Das Sauerkraut mit dem Essig, Salz und Pfeffer abschmecken. Auf vier Teller verteilen, jeweils ein Eisbein daraufsetzen und servieren.

Tipp:

Eisbein kann gekocht oder gegrillt werden. Gegrillt bekommt es eine knusprige Haut – dann heißt es aber nicht mehr Eisbein, sondern Haxe!

Bierbraten
auf Lauchgemüse

+ Beizzeit: 24 Stunden

90 Minuten

Zubereitung:

1. Das Suppengemüse putzen, waschen und in Stücke schneiden. Die Zwiebel und die Knoblauchzehen abziehen und grob hacken. Das Gemüse mit der Zwiebel, dem Knoblauch, dem Thymian und dem Bier in einem Topf aufkochen. Den Schweinenacken in eine große Schüssel legen, mit dem Sud übergießen und 24 Stunden unter gelegentlichem Wenden beizen.

2. Den Backofen auf 160 °C Ober- und Unterhitze vorheizen. 250 ml der Beize für das Lauchgemüse beiseitestellen, der Rest wird für den Braten benötigt.

3. Den Schweinenacken in dem erhitzten Schmalz anbraten und das Gemüse aus der Beize dazugeben. Anschließend im Backofen ca. 1 Stunde schmoren lassen, dabei immer wieder mit der Beize übergießen.

4. Das Fleisch aus dem Topf nehmen. Den Bratensaft durch ein Sieb abgießen, mit der Speisestärke binden und mit Salz und Pfeffer abschmecken. Den Braten wieder in die Soße legen.

5. Den Lauch putzen, waschen und in Ringe schneiden. Die Butter in einem Topf schmelzen. Den Lauch dazugeben, mit der Bierbeize aufgießen und ca. 5 Minuten dünsten. Die Crème fraîche unterrühren und mit Salz und Pfeffer würzen.

6. Den Braten aufschneiden und zusammen mit dem Lauchgemüse servieren.

Zutaten:
(für 4 Personen)

500 g Suppengemüse
  (Karotten, Lauch, Sellerie)
1 Zwiebel
2 Knoblauchzehen
2 Zweige Thymian

1 l dunkles Bier
1 kg Schweinenacken
2 EL Schmalz
2 EL Speisestärke
4 Stangen Lauch

1 EL Butter
200 ml Crème fraîche
Salz, Pfeffer

Kalbshaxe
mit Biersoße

120 Minuten

Zubereitung:

1. Das Suppengrün putzen, waschen und klein schneiden. Die Zwiebel abziehen, klein schneiden und zusammen mit dem Suppengrün in 1 Esslöffel erhitztem Butterschmalz anbraten. Mit ein wenig von der Fleischbrühe ablöschen und bei kleinster Hitze zugedeckt ca. 10 Minuten dünsten.

2. Den Backofen auf 160 °C Ober- und Unterhitze vorheizen. Die Kalbshaxe mit Salz und Pfeffer einreiben, leicht mit Mehl bestäuben und in einem gusseisernen Bräter in dem restlichen Butterschmalz von allen Seiten anbraten.

3. Den Knoblauch abziehen und klein hacken. Die Haxe aus dem Bräter nehmen. Das gedünstete Gemüse hineingeben und den Thymian, die Lorbeerblätter, den Knoblauch und das Tomatenmark hinzufügen. Mit dem Bier und der restlichen Fleischbrühe auffüllen. Die Haxe wieder in den Bräter legen und alles im vorgeheizten Ofen mit geschlossenem Deckel ca. 90 Minuten garen.

4. Die Haxe aus dem Ofen nehmen und warm stellen. Den Fond durch ein Sieb streichen und nach Wunsch mit etwas Mehl binden. Mit Salz und Pfeffer abschmecken. Dazu passt Kartoffelpüree oder frisches Baguette.

Tipp:

Einen besonders kräftigen Geschmack erhält die Soße, wenn Sie am Ende der Garzeit das Mark aus dem Knochen schaben, pürieren und untermischen.

Zutaten:
(für 4 Personen)

1 Bund Suppengrün   1,5 kg Kalbshaxe   1 kleine Dose Tomatenmark
1 Zwiebel   3 EL Mehl   2 Lorbeerblätter
2 EL Butterschmalz   1 Knoblauchzehe   ½ Flasche dunkles Bier
400 ml Fleischbrühe   1 Zweig Thymian   Salz, Pfeffer

Biergeschnetzeltes

Zutaten:

(für 4 Personen)

6 EL Öl	2 Knoblauchzehen	200 ml Rinderfond
2 EL Senf	800 g Rindergeschnetzeltes aus der Keule	100 ml Sahne
1 TL Thymian	300 ml dunkles Bier	Salz, Pfeffer
1 Zwiebel	1 EL Mehl	

Zubereitung:

1. 4 Esslöffel Öl und den Senf gut verrühren und mit dem Thymian, Salz und Pfeffer würzen. Die Zwiebeln abziehen und grob schneiden. Den Knoblauch abziehen und fein würfeln.

2. Die Zwiebeln und den Knoblauch mit den Fleischstreifen in die Marinade geben und alles gut vermengen. Mit dem Bier auffüllen, bis alles bedeckt ist und nochmals gut vermengen. Abgedeckt über Nacht im Kühlschrank ziehen lassen.

3. Das Fleisch aus der Marinade nehmen und mit Küchenkrepp leicht abtupfen. In einer Pfanne das restliche Öl erhitzen und die Fleischstreifen darin anbraten. Mit dem Mehl bestäuben und kurz mit anbräunen lassen.

4. Anschließend mit dem Rinderfond ablöschen und etwas von der Marinade dazugeben. 10 Minuten leicht köcheln lassen und mit Salz und Pfeffer abschmecken.

5. Dazu passen Reis und ein frischer Blattsalat sehr gut.

Tipp:

Besonders schön und gleichmäßig wird Ihr Geschnetzeltes, wenn Sie ein Stück aus der Keule kaufen und es auf der Brotmaschine schneiden. Dann wissen Sie genau, wo das Geschnetzelte herkommt und können die Dicke selbst bestimmen.

**30
Minuten**

Biergulasch

Zutaten:
(für 4 Personen)

Für den Gulasch:
4 Tomaten
1 Knoblauchzehe
3 Zwiebeln
1 kg Rindergulasch aus der Keule
2 EL Öl

1 TL Tomatenmark
500 ml Rinderfond
250 ml Schwarzbier
etwas Speisestärke
Salz, Pfeffer

Für die Wasserspatzen:
400 g Mehl
3 Eier
Salz

130 Minuten

Zubereitung:

1. In einem großen Topf Wasser zum Kochen bringen. Die Tomaten waschen, vom Strunk befreien und auf der Unterseite einritzen. In das kochende Wasser geben und 30 Sekunden kochen. Dann sofort in Eiswasser abschrecken und abkühlen lassen. Die Haut abziehen und die Tomaten grob würfeln.

2. Den Knoblauch abziehen und fein hacken. Die Zwiebeln abziehen und in feine Streifen schneiden. Das Fleisch mit kaltem Wasser abspülen und mit Küchenkrepp trocken tupfen.

3. Das Öl in einem Bräter erhitzen und das Fleisch darin kräftig anbraten. Die Zwiebeln, den Knoblauch, das Tomatenmark und die Tomatenwürfel hinzufügen und mitbraten. Mit dem Rinderfond und dem Bier ablöschen.

4. Alles noch einmal aufkochen lassen und für ca. 1 ½ Stunden gar schmoren. Zum Schluss mit Salz und Pfeffer abschmecken und mit in etwas Wasser angerührter Speisestärke abbinden.

5. Für die Wasserspatzen das Mehl in eine Schüssel sieben. Die Eier nach und nach in das Mehl einarbeiten.

6. ½ Teelöffel Salz und 250 ml Wasser so lange unterkneten, bis ein zäher dünner Teig entsteht. In einem großen Topf ca. 3 Liter Wasser mit einem Teelöffel Salz zum Kochen bringen.

7. Eine Portion Teig auf ein Brett geben, sodass er flach verläuft. Mit einem glatten Messer oder einem Sparschäler kleine Streifchen in das kochende Wasser schaben.

8. Die Spatzen sind gar, wenn sie an der Oberfläche des Wassers schwimmen. Sofort mit einer Schaumkelle abschöpfen und in eine Schüssel geben.

9. Auf diese Weise nach und nach den ganzen Teig verarbeiten. Die fertigen Wasserspatzen zu dem Gulasch servieren.

Braumeisterbraten
mit Kartoffeln und grünen Bohnen

Zubereitung:

1. Das Fleisch waschen, mit Küchenkrepp trocken tupfen und mit Salz und Pfeffer kräftig würzen. Die Zwiebeln abziehen und grob würfeln. Die Karotten schälen, putzen und grob würfeln.

2. Das Butterschmalz in einem Bräter erhitzen und das Fleisch von beiden Seiten darin scharf anbraten. Das Gemüse dazugeben und mitbraten. Mit ¼ Liter Wasser und dem Bier ablöschen. Die Gewürze hinzufügen, alles aufkochen und zugedeckt ca. 2 Stunden schmoren lassen.

3. Für die Beilage die Kartoffeln waschen und in kochendem Salzwasser garen. Kurz abkühlen lassen und dann pellen.

4. Die Bohnen putzen, waschen, in Stücke schneiden und kurz in kochendem Wasser blanchieren. Das Öl in einer Pfanne erhitzen und die Kartoffeln und die Bohnen darin anbraten. Mit Salz und Pfeffer würzen.

5. Den Braten aus dem Bräter nehmen und aufschneiden. Die Soße durch ein Sieb passieren, mit der in etwas Wasser angerührten Maisstärke abbinden und mit Salz und Pfeffer abschmecken.

6. Das Fleisch zusammen mit der Soße, den Kartoffeln und den Bohnen auf Tellern anrichten und servieren.

140 Minuten

46

Zutaten:
(für 4 Personen)

Für den Braten:

1,8 kg Schweinenacken	4 Wacholderbeeren
2 Zwiebeln	8 Pfefferkörner
2 Karotten	0,5 l Schwarzbier
2 EL Butterschmalz	2 EL Maisstärke
2 Lorbeerblätter	Salz, Pfeffer

Für die Kartoffeln und Bohnen:

500 g Kartoffeln
500 g grüne Bohnen
2 EL Öl
Salz, Pfeffer

Bratwurst
mit Zwiebel-Pilz-Biersoße

Zubereitung:

1. Für den Kartoffelbrei die Kartoffeln schälen, in Stücke schneiden und in kochendem Salzwasser garen.

2. In der Zwischenzeit die Zwiebeln abziehen und in feine Ringe schneiden. Die Pilze mit einem Pinsel säubern, die Stielenden abschneiden und die Pilze klein schneiden.

3. Das Öl in einem Topf erhitzen und die Zwiebeln mit den Pilzen darin anbraten. Das Tomatenmark dazugeben und kurz mitbraten. Mit dem Rinderfond und dem Weizenbier ablöschen und ca. 7 Minuten leicht köcheln lassen. Mit Salz und Pfeffer abschmecken und eventuell mit in etwas Wasser angerührter Speisestärke abbinden.

4. Das Butterschmalz in einer Pfanne erhitzen und die Bratwürste darin von beiden Seiten kräftig anbraten. Die Hitze etwas reduzieren und die Bratwürste ca. 15 Minuten weiter braten, dabei immer wieder wenden.

5. Die fertigen Kartoffelstücke abschütten. Mit einem Kartoffelstampfer zu Püree verarbeiten und dabei soviel Butter und Milch dazugeben, dass es schön sämig wird. Zum Schluss mit etwas Muskat, Salz und Pfeffer würzen.

6. Die Bratwürstchen mit dem Kartoffelbrei und der Soße auf Tellern anrichten und nach Belieben mit Schnittlauchröllchen bestreut servieren.

40 Minuten

Zutaten:
(für 4 Personen)

6 Zwiebeln
500 g weiße Champignons
3 EL Öl
1 TL Tomatenmark
400 ml Rinderfond

200 ml dunkles Hefeweizen
etwas Speisestärke
2 EL Butterschmalz
4 grobe Bratwürste
Salz, Pfeffer

Für den Kartoffelbrei:
800 g mehligkochende
   Kartoffeln
Butter, Milch
Muskat, Salz, Pfeffer

Rinderfetzen
mit Krautsalat

Zubereitung:

1. Den Backofen auf 160 °C Ober- und Unterhitze vorheizen. Die Zwiebeln abziehen und in grobe Würfel
schneiden. Das Öl in einem Bräter erhitzen. Das Rindfleisch mit Salz und Pfeffer würzen und von beiden
Seiten scharf anbraten. Die Zwiebelstücke zu dem
Fleisch geben und mitbraten.

2. Mit dem Bier ablöschen und etwas einkochen lassen.
Mit dem Rinderfond auffüllen und das Fleisch ca.
2 ½ Stunden im vorgeheizten Ofen garen. Dabei alle
30 Minuten wenden, damit es gleichmäßig gart.

3. In der Zwischenzeit den Weißkohl waschen, putzen
und in feine Streifen schneiden. In einer Schüssel mit
einer Prise Salz und dem Essig vermischen. Dann
mit den Händen gut durchkneten und ca. 1 Stunde im
Kühlschrank ziehen lassen.

4. Den Rettich waschen und schälen. Mit einem Hobel
in dünne Scheiben schneiden, salzen und ebenfalls ca.
1 Stunde ziehen lassen.

5. Wenn das Rindfleisch zart und gar ist, aus dem Bräter
nehmen, warm stellen und die Soße durch ein Sieb
in einen Topf passieren. Aufkochen und mit in etwas
Wasser angerührter Speisestärke abbinden. Mit Salz
und Pfeffer nachwürzen.

6. Den Krautsalat nochmals mit Salz und Pfeffer abschmecken. Auf die Mitte des Tellers legen, das Fleisch
in Streifen schneiden und auf dem Salat verteilen.
Die Soße nach Belieben über das Fleisch geben. Die
Flüssigkeit, die der Rettich gezogen hat, abgießen und
die Scheiben auf dem Teller mit anrichten.

3 Zwiebeln
3 EL Öl
850 g Rindfleisch von
   der Hohen Rippe

500 ml Schwarzbier
800 ml Rinderfond
1 kg Weißkohl
8 EL heller Essig

1 Rettich
etwas Speisestärke
Salz, Pfeffer

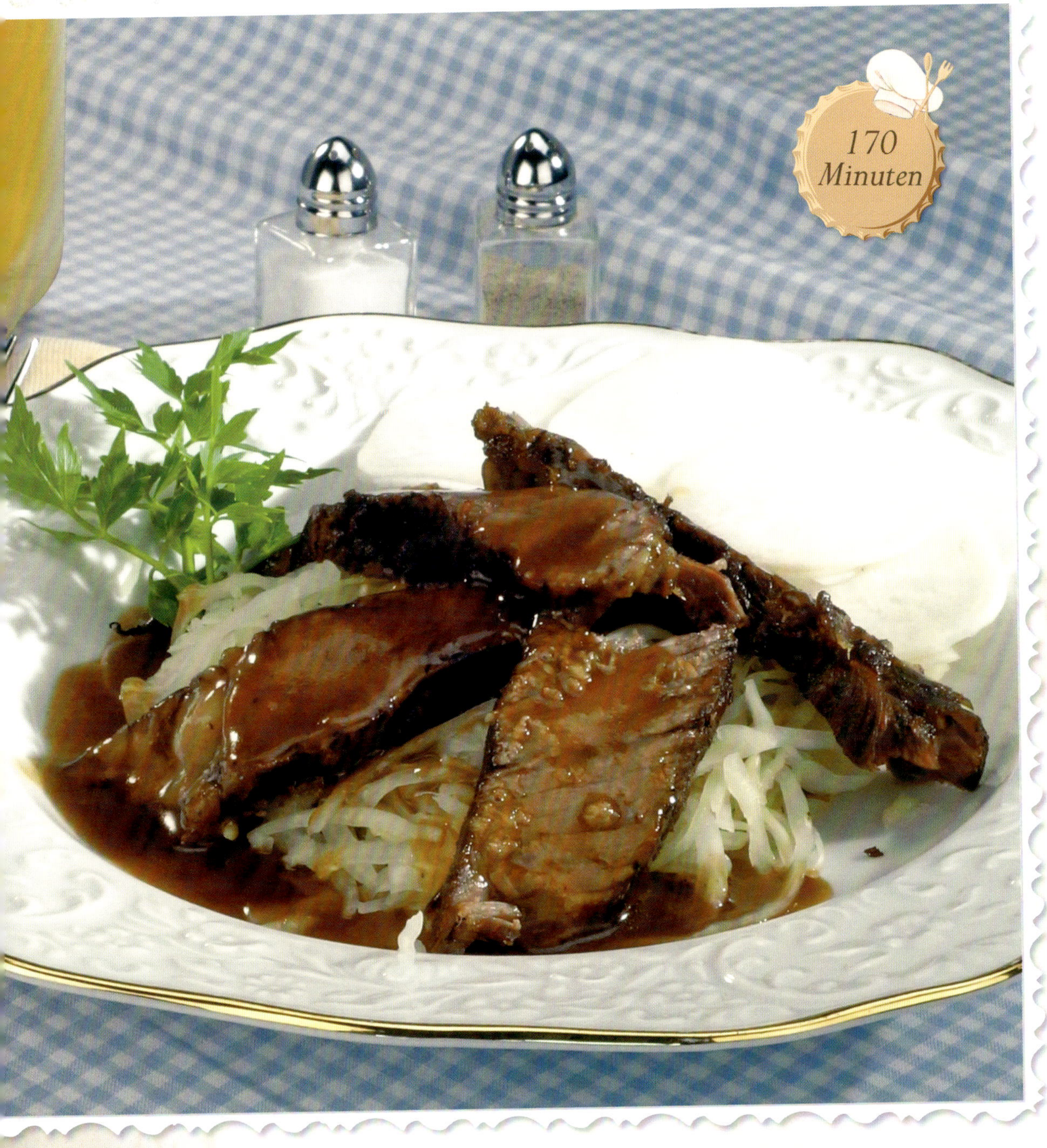

170
Minuten

Tipp:

Wenn Sie eine Fritteuse besitzen, können Sie die Hühnerkeulen auch darin ausbacken. Statt Butterschmalz eignen sich auch Sonnenblumen- oder Rapsöl.

Hühnerkeulen
im Bierteig

40 Minuten

Zutaten:
(für 4 Personen)

Für den Bierteig:
150 g Mehl
1 Ei
1 Eigelb
125 ml Bier (z. B. Pils)
Salz, Pfeffer

Für die Hühnerkeulen:
8 Hühnerkeulen
1 EL Paprikapulver
4 EL Mehl
Salz, Pfeffer

Außerdem:
Butterschmalz zum
Ausbacken

Zubereitung:

1. Das Mehl, das Ei und das Eigelb mit dem Bier
zu einem glatten, nicht zu dünnen Teig verrühren.
Mit Salz und Pfeffer abschmecken und etwas
ruhen lassen.

2. Die Hühnerkeulen waschen und mit Küchenkrepp
trocken tupfen. Mit dem Paprikapulver, Salz und
Pfeffer würzen. In einer hohen Pfanne so viel
Butterschmalz erhitzen, dass es 3 bis 4 cm hoch
darin steht.

3. Die Hühnerkeulen in dem Mehl wälzen und durch
den Bierteig ziehen. Sofort in das mäßig heiße
Butterschmalz geben und darin ca. 15 Minuten
goldgelb ausbacken, dabei einmal wenden.

4. Zu den Hühnerkeulen passen Grillsoße und
gemischter Salat.

Putenrouladen
mit Bierrahm

70 Minuten

Zubereitung:

1. Den Spinat verlesen, waschen und in kochendem Wasser blanchieren. Die Spinatblätter mit kaltem Wasser abschrecken und auf einem Küchentuch abtropfen lassen.

2. Die Knoblauchzehen sowie die Schalotten abziehen und alles fein hacken. Die Karotten schälen, putzen und in Scheiben schneiden.

3. Die Schnitzel ausbreiten und mit Salz und Pfeffer würzen. Die Spinatblätter auf den Schnitzeln verteilen, die Knoblauch- und Schalottenwürfel darüber streuen und mit etwas Muskat würzen. Die Schnitzel zu Rouladen aufrollen und jeweils mit einem Zahnstocher verschließen.

4. Die Butter in einem Topf schmelzen und die Rouladen darin von allen Seiten anbraten. Die Karotten dazugeben und mit dem Bier aufgießen. Bei geschlossenem Deckel ca. 30 Minuten dünsten.

5. Die Speisestärke mit der Sahne glatt rühren. Die Rouladen aus dem Topf nehmen und warm stellen.

6. Die Sahne in die Flüssigkeit einrühren, einmal aufkochen und dann mit dem Pürierstab zu einer sämigen Soße verarbeiten. Mit Salz und Pfeffer abschmecken.

7. Dazu passen Bandnudeln.

Zutaten:
(für 4 Personen)

100 g frischer Spinat	4 Putenschnitzel	125 ml süße Sahne
4 Knoblauchzehen	2 EL Butter	Muskat
3 Schalotten	500 ml Bier	Salz, Pfeffer
2 Karotten	1 EL Speisestärke	

Hähnchenbrust
mit Weißbiersoße

30 Minuten

Zubereitung:

1. Die Schalotten und den Knoblauch abziehen und fein hacken. Die Hähnchenbrustfilets salzen, pfeffern und in dem Butterschmalz anbraten, bis sie leicht gebräunt sind.

2. Die Schalotten und den Knoblauch hinzufügen und einige Minuten mitdünsten. Mit dem Bier ablöschen, den Honig und den Essig hineinrühren und im geschlossenen Topf 8 bis 10 Minuten schmoren lassen.

3. Das Fleisch herausnehmen und warm stellen. Die Sahne in die Soße hineinrühren, aufkochen lassen und mit Salz und Pfeffer abschmecken.

4. Die Hähnchenfilets auf Tellern anrichten und mit der Soße übergießen.

5. Dazu schmecken Bandnudeln und ein grüner Salat.

Tipp:

Schalotten haben ein feineres, weniger scharfes Aroma als Zwiebeln, weshalb man sie gerne für die feine Küche verwendet. Sie können sie aber problemlos durch Zwiebeln ersetzen.

Zutaten:
(für 4 Personen)

4 Schalotten
1 Knoblauchzehe
4 Hähnchenbrustfilets

2 EL Butterschmalz
250 ml Hefe-Weißbier
1 EL Honig

1 EL Essig
125 ml süße Sahne
Salz, Pfeffer

Tipp:

Für die gebratenen Äpfel können Sie entweder mehlige, leicht zerfallende Sorten, wie Boskop oder Gravensteiner, verwenden oder – wenn Sie etwas mehr Biss bevorzugen – auch feste, würzige Sorten, wie Cox Orange oder Elstar.

Bierhähnchen
mit Äpfeln und Johannisbeergelee

Zutaten:
(für 4 Personen)

2 Hähnchen	4 EL Johannisbeergelee
2 EL Öl	Paprikapulver, edelsüß
500 ml Exportbier	Salz, Pfeffer
4 Äpfel	

Zubereitung:

1. Die Hähnchen salzen und pfeffern und mit etwas Paprikapulver einreiben.

2. Die Hähnchen mit dem Öl in einen Bräter geben und ca. 30 Minuten braten, dabei immer wieder mit etwas Bier übergießen.

3. Die Äpfel waschen, entkernen und in Spalten schneiden. Die Hähnchen herausnehmen, halbieren und warm stellen.

4. Die Äpfel in den Bratenfond geben, kurz anbraten, das restliche Bier darüber gießen und das Johannisbeergelee unterrühren. Die Soße mit Salz und Pfeffer abschmecken.

5. Die Hähnchenhälften zusammen mit der Soße servieren.

50 Minuten

Hühnerkeulen
auf Biergemüse

Zubereitung:

1. Die Karotten schälen und putzen. Die Champignons mit einem Pinsel säubern und die Stielenden abschneiden. Die Frühlingszwiebeln putzen und waschen. Das Gemüse in mundgerechte Stücke schneiden. Die Petersilie waschen, trocken schütteln und fein hacken.

2. Die Hühnerkeulen mit einer Mischung aus dem Paprikapulver, dem Senf, Salz und Pfeffer einreiben.

3. Das Butterschmalz in einer Pfanne erhitzen. Die Hühnerkeulen darin unter Wenden ca. 10 Minuten braten, dann aus der Pfanne nehmen und warmstellen.

4. Die Karotten in dem in der Pfanne verbliebenen Fett anbraten und mit dem Bier ablöschen. Das restliche Gemüse dazugeben und alles ca. 5 Minuten köcheln lassen.

5. Die Crème fraîche und die Petersilie unterrühren, mit Salz und Pfeffer abschmecken. Die Geflügelschenkel auf das Gemüse legen und noch ca. 10 Minuten ziehen lassen. Nicht mehr kochen lassen.

40 Minuten

Zutaten:
(für 4 Personen)

4 Karotten
250 g Champignons
1 Bund Frühlingszwiebeln
1 Bund Petersilie
8 Hühnerkeulen
½ TL Paprikapulver, edelsüß

4 EL mittelscharfer Senf
2 EL Butterschmalz
500 ml Altbier
1 Becher Crème fraîche
Salz, Pfeffer

Schmorhähnchen
mit Bier-Pilz-Soße

Zubereitung:

1. Den Backofen auf 180 °C Ober- und Unterhitze vorheizen. Die Hähnchen waschen und trocken tupfen. Die Schalotten abziehen und fein hacken.

2. Die Egerlinge mit einem Pinsel säubern, die Stielenden abschneiden und die Pilze in Viertel schneiden. Die Knoblauchzehen abziehen und mit einem Messer zerdrücken.

3. Die Kräuter waschen, trocken schütteln und fein hacken. Die Hähnchen mit Salz und Pfeffer würzen und mit den Kräutern und dem Knoblauch füllen.

4. Das Olivenöl in einem Brattopf erhitzen und die Hähnchen von allen Seiten darin anbraten. Mit dem Bier aufgießen und im vorgeheizten Backofen ca. 1 Stunde schmoren.

5. Den Topf aus dem Ofen nehmen und die Hähnchen herausnehmen. Das Fleisch von den Knochen lösen und in mundgerechte Stücke schneiden. Den ausgetretenen Bratensaft auffangen und wieder in den Topf geben. Die Schalotten und die Pilze darin schmoren, das Tomatenmark hineinrühren und mit Salz und Pfeffer abschmecken.

6. Die Hähnchenteile zusammen mit der Pilzsoße servieren.

Zutaten:
(für 4 Personen)

2 Brathähnchen

4 Schalotten

400 g Egerlinge (braune
Champignons)

4 Knoblauchzehen

1 Bund Kräuter (Thymian,
Basilikum, Rosmarin,
Lavendel, Majoran)

4 EL Olivenöl

1 l helles Bier

2 EL Tomatenmark

Salz, Pfeffer

Entenbrust
mit Backpflaumen

Zutaten:
(für 4 Personen)

2 Entenbrustfilets
300 g Backpflaumen
50 g brauner Zucker
250 ml Pils
3 Scheiben Ingwer

3 Gewürznelken
4 Sternanis
2 EL Pflaumenmus
Salz, Pfeffer

30 Minuten

Zubereitung:

1. Die Entenbrüste auf der Hautseite in schmalen Abständen einritzen.

2. Mit der Hautseite nach unten in eine Pfanne legen, anbraten, wenden und mit Salz und Pfeffer würzen. Die Entenbrust ca. 20 Minuten bei mittlerer Hitze braten, dabei gelegentlich wenden.

3. Inzwischen die Pflaumen vierteln. Den Zucker in einem Topf karamellisieren und mit dem Bier ablöschen. Die Pflaumen, den Ingwer, die Gewürznelken und den Sternanis dazugeben, aufkochen und im offenen Topf ca. 10 Minuten einkochen lassen.

4. Das Pflaumenmus unterrühren und das Ganze mit Salz und Pfeffer abschmecken.

5. Die Entenbrust aufschneiden und mit der Backpflaumensoße servieren. Dazu passt Kartoffelpüree.

Tipp:

Das Einritzen der Haut der Entenbrust sorgt dafür, dass das Fett beim Braten austreten kann und die Haut schön kross wird. Achten Sie aber darauf, dass Sie nicht bis ins Fleisch schneiden, damit der Bratensaft nicht austritt.

Fisch im Bierteig
mit Gurken- und Kartoffelsalat

Zutaten:
(für 6 Personen)

Für den Gurkensalat:
1 Salatgurke
2 Zwiebeln
3 EL Essig
3 EL Öl
1 TL Senf
2 EL Kaffeesahne
Salz, Pfeffer

Für den Kartoffelsalat:
500 g festkochende Kartoffeln
2 kleine Zwiebeln
125 ml Gemüsebrühe
2 EL Essig
2 EL Öl
2 TL Senf
Salz, Pfeffer

Für den Fisch:
2 Eier
250 g Mehl
1 TL Salz
250 ml dunkles Bier
1 kg Seelachs (küchenfertig)
Salz, Pfeffer
Butterschmalz zum Braten

Zubereitung:

1. Für den Gurkensalat die Gurke waschen und in dünne Scheiben hobeln. Die Zwiebeln abziehen und fein hacken. Alle Zutaten in eine Schüssel geben und gut vermengen. Mit Salz und Pfeffer abschmecken und ca. 1 Stunde im Kühlschrank ziehen lassen.

2. Für den Kartoffelsalat die Kartoffeln waschen und in kochendem Salzwasser ca. 20 Minuten garen. Dann abgießen, kalt abschrecken, pellen und in Scheiben schneiden. Die Zwiebeln abziehen und fein würfeln. Die Gemüsebrühe erhitzen, sofort über die Kartoffeln geben und einziehen lassen.

3. Aus dem Essig, dem Öl und dem Senf sowie Salz und Pfeffer eine Marinade rühren, über den Salat gießen und alles gut vermischen. Gut 1 Stunde im Kühlschrank ziehen lassen.

4. Für den Fisch die Eier trennen. Das Mehl mit dem Salz vermischen und mit den Eigelben und dem Bier zu einem glatten Teig verrühren. Die Eiweiße mit einem Handrührgerät steif schlagen und unter den Teig heben.

5. Den Seelachs waschen, mit Küchenkrepp trocken tupfen und von eventuellen Gräten befreien. Die Fischfilets in portionsgerechte Stücke schneiden und mit Salz und Pfeffer leicht würzen.

6. Reichlich Butterschmalz in einer Pfanne erhitzen, den Fisch durch den Bierteig ziehen und im heißen Fett von beiden Seiten ca. 15 Minuten goldbraun backen.

7. Den Fisch zusammen mit dem Kartoffel- und dem Gurkensalat servieren.

Seebarsch mit Bier-Senf-Soße
auf Blattspinat

+ Einweichzeit: über Nacht

60 Minuten

Zubereitung:

1. Die Senfkörner über Nacht in 200 ml Malzbier einweichen. Das restliche Malzbier auf die Hälfte einkochen, die eingeweichten Senfkörner mit dem Bier dazugeben und weitere 10 Minuten köcheln lassen.

2. Den Seebarsch waschen, mit Küchenkrepp trocken tupfen und von eventuellen Gräten befreien. Die Fischfilets in Stücke schneiden, mit Salz leicht würzen und rundum mit dem Mehl bestäuben.

3. Das Öl in einer Pfanne erhitzen und die Fischfilets von beiden Seiten goldbraun braten.

4. Den Spinat gründlich waschen und von den Stielen befreien. Den Knoblauch und die Zwiebeln abziehen und fein hacken.

5. Die Zwiebelwürfel und den Knoblauch in einer großen Pfanne mit dem Öl glasig anschwitzen. Den Blattspinat dazugeben, mit Muskat, Salz und Pfeffer würzen und gar dünsten.

6. Den Spinat auf Tellern anrichten, den Fisch darauflegen, mit der Soße übergießen und servieren.

Zutaten:

(für 4 Personen)

100 g Senfkörner	2 EL Öl	1 Knoblauchzehe
500 ml Malzbier	Salz, Pfeffer	2 Zwiebeln
850 g Seebarsch		2 EL Pflanzenöl
(küchenfertig)	**Für den Spinat:**	Muskatnuss
3 EL Mehl	2 kg Blattspinat	Salz, Pfeffer

Fischfilet
mit Estragon-Biersoße

Zubereitung:

1. Die Schalotten abziehen und in kleine Würfel schneiden. Die Estragonblätter von acht Stielen zupfen und vier Stiele auf die Seite legen.

2. 500 ml des Bieres in einem Topf erhitzen, die Estragonblätter dazugeben und einmal aufkochen lassen.

3. 1 Esslöffel Butter in einem Topf schmelzen und die Schalotten darin andünsten. Das Mehl hineinrühren, mit dem Biersud aufgießen und unter Rühren einmal aufkochen.

4. Die Crème fraîche, die Eigelbe und den Senf in die Soße hineinrühren, mit einem Pürierstab aufschäumen und mit Salz und Pfeffer würzen. Die Soße sollte nicht mehr kochen, da sonst das Eigelb gerinnt.

5. Die Fischfilets waschen, mit Küchenkrepp trocken tupfen und von eventuellen Gräten befreien. Mit Zitronensaft einreiben und mit Salz und Pfeffer würzen. Die Filets auf den Dämpfeinsatz eines Topfes legen, je einen zurückbehaltenen Estragonzweig auf die Fischfilets geben und das restliche Bier angießen. Bei geschlossenem Deckel ca. 7 Minuten dünsten.

6. Die Karotten schälen und putzen. Mit dem Sparschäler dünne Streifen schneiden. 1 Esslöffel Butter in einem Topf schmelzen und die Karotten kurz anbraten. Zusammen mit den Fischfilets servieren.

50 Minuten

Zutaten:
(für 4 Personen)

2 Schalotten	50 g Mehl	4 Fischfilets (z. B. Seelachs oder Rotbarsch)
12 Stiele Estragon	200 g Crème fraîche	2 EL Zitronensaft
750 ml Kristall-Weizenbier	2 Eigelb	500 g Karotten
2 EL Butter	2 EL Senf	Salz, Pfeffer

Apfelküchle im Bierteig

Zutaten:
(für 4 Personen)

Für den Bierteig:
150 g Mehl
1 Ei
1 Eigelb
125 ml Bier
2 EL Zucker

4 säuerliche Äpfel
1 Zitrone
50 g Mehl
Butterschmalz zum Ausbacken
Puderzucker zum Bestreuen

Zubereitung:

1. Das Mehl, das Ei und das Eigelb mit dem Bier zu einem glatten, nicht zu dünnen Teig verrühren. Mit Zucker abschmecken und den Teig etwas ruhen lassen.

2. Die Äpfel schälen, die Kerngehäuse ausstechen und die Äpfel in ca. 1 cm dicke Scheiben schneiden. Die Zitrone auspressen und die Apfelringe mit dem Zitronensaft beträufeln.

3. Das Butterschmalz erhitzen. Die Apfelscheiben in Mehl wenden und durch den Bierteig ziehen. Sofort ins Butterschmalz geben und ca. 5 Minuten goldgelb ausbacken.

4. Die Apfelküchle mit Puderzucker bestreut servieren.

30 Minuten

Kaiserschmarren

30 Minuten

+ *Marinierzeit: über Nacht*

Zutaten:
(für 4 Personen)

100 g Rosinen
150 ml Pils
8 Eier
100 ml Milch
250 g Mehl
50 g Butter
Salz

Zubereitung:

1. Die Rosinen in dem Bier einlegen, sodass sie bedeckt sind und über Nacht marinieren. Danach in ein Sieb abgießen und das Bier auffangen.

2. Die Eier trennen, das Eiweiß mit etwas Salz steif schlagen und zur Seite stellen. Die Eigelbe mit der Milch und dem aufgefangenen Bier schaumig schlagen und nach und nach das Mehl hinzugeben. Das Eiweiß vorsichtig unter die Teigmasse heben.

3. Die Butter in einer Pfanne erhitzen und den Teig hineingeben. Die marinierten Rosinen auf den noch flüssigen Teig streuen und wie einen Pfannkuchen ausbacken. Sobald der Teig durchgebacken ist, mit Hilfe zweier Gabeln in Stücke zerteilen. Auf einem Teller servieren und großzügig mit Puderzucker bestreuen. Dazu passt Apfelmus.

Weißbier-Gugelhupf

Zubereitung:

1. Den Backofen auf 180 °C (Umluft 160 °C) vorheizen. Eine Gugelhupfform gut einfetten und mit etwas Mehl ausstreuen.

2. Die Eier trennen und die Eiweiße mit dem Salz zu Eischnee schlagen.

3. Die Butter und die Eigelbe in einer großen Rührschüssel cremig rühren, den Zucker und den Vanillezucker dazugeben und alles gut verrühren.

4. Das Mehl mit dem Backpulver vermischen und sieben. Abwechselnd mit dem Bier hinzufügen und zuletzt den Eischnee unter die Masse heben.

5. Den Teig in die vorbereitete Gugelhupfform füllen und im vorgeheizten Backofen ca. 1 Stunde backen.

6. Kurz vor Ablauf der Backzeit die Stäbchenprobe machen: Der Kuchen ist fertig, wenn an einem hineingesteckten Stäbchen kein Teig mehr hängen bleibt. Den Kuchen in der Form abkühlen lassen und dann auf ein Küchengitter stürzen.

7. Für den Guss die Mandeln in einer Pfanne rösten. Den Puderzucker mit dem Bier verrühren und über den abgekühlten Kuchen geben. Die Mandeln auf den noch feuchten Guss streuen.

90 Minuten

Zutaten:

(für 1 Gugelhupfform, ø 24 cm)

5 Eier
1 Prise Salz
300 g Butter
250 g Zucker

1 Päckchen Vanillezucker
375 g Mehl
1 Päckchen Backpulver
¼ l helles Weizenbier

Für den Guss:
50 g gehackte Mandeln
150 g Puderzucker
3–4 TL helles Bier

Bierbowle

15 Minuten

+ Ziehzeit: 24 Stunden

Zutaten:
(für 4 Personen)

500 g Erdbeeren
1 l helles Hefeweizen
4 EL Zucker
750 ml trockener Sekt

Zubereitung:

1. Die Erdbeeren waschen, putzen und in Stücke schneiden. Das Bier in eine Bowlenschüssel gießen und den Zucker dazugeben. So lange verrühren, bis sich der Zucker aufgelöst und verteilt hat.

2. Die Erdbeeren dazugeben und alles 24 Stunden ziehen lassen. Danach mit Sekt aufgießen und servieren.

Biercocktail

Zutaten:
(für 4 Personen)

800 ml Bier
200 ml Sekt
Sirup (z. B. Erdbeer- oder
    Johannisbeer-Sirup)

Zubereitung:

1. Jeweils 200 ml Bier in
    vier Wein- oder Cocktail-
    gläser füllen. Dabei da-
    rauf achten, dass das Glas
    nicht zu voll ist. Dann
    den Sekt auf die vier
    Gläser verteilen.

2. Auf die Schaumkrone
    jeweils einen Schuss Sirup
    gießen.

10 Minuten

Tipp:

Dieser Cocktail schmeckt immer wieder anders, je
nachdem, welche Biersorte Sie verwenden: Probieren
Sie es einmal mit Weißbier, Doppelbock oder auch
Malzbier.

Eier-Bier-Punsch

20 Minuten

Zutaten:

(für 4 Personen)

1 l Hefeweizen
1 Sternanis
Zesten von ½ unbehan-
 delten Orange
1 TL Vanillezucker
3 Eiweiß
4 EL Puderzucker
Zimt zum Bestreuen

Zubereitung:

1. Das Bier mit dem Sternanis, den Orangenzesten
   und dem Vanillezucker in
   einem Topf erwärmen,
   aber nicht kochen lassen.

2. Die Eiweiße mit dem
   Puderzucker steif schlagen. Den Biersud unter
   den Eischnee schlagen
   und in Tassen abfüllen.
   Mit Zimt bestreut ser-
   vieren.

Tipp:

Damit die Eiweiße beim Schlagen auch schön
steif werden, müssen Sie darauf achten, dass
die Schneebesen des Handrührgeräts sauber
sind. Auch die Zugabe einer Prise Salz lässt das
Eiweiß besser steif werden.

Glüh- bier

Zutaten:
(für 4 Personen)

500 ml dunkles Bier,
  z. B. Doppelbock
1 Zimtstange
3 ganze Nelken
1 Sternanis
Saft und Zesten einer
  unbehandelten Orange
2 TL Zucker

Tipp:

Statt der Zimtstange, der Nelken und des Sternanises können Sie auch einen Beutel Glühweingewürz mit dem Bier erwärmen und ihn dann wieder herausnehmen.

Zubereitung:

1. Das Bier mit der Zimtstange, den Nelken und dem Sternanis in einem Topf erwärmen, nicht kochen lassen.

2. Die Orangenzesten und den Zucker dazugeben und kurz ziehen lassen. Anschließend mit dem Orangensaft auffüllen und noch heiß servieren.

20 Minuten

Register

© 2019 design cat GmbH

Genehmigte Lizenzausgabe
EDITION XXL GmbH
Industriestraße 19
64407 Fränkisch-Crumbach 2019
www.edition-xxl.de

Idee und Projektleitung: Sonja Sammüller
Layout, Satz und Umschlaggestaltung:
design cat GmbH

ISBN 978-3-89736-872-9

Bildnachweis
Shutterstock: Andrew Scherbackov 6–7, 9, 10–11, 12–13, 14–15,
16–17, 18, 19, 20–21, 22–23, 24–25, 26–27, 28–29, 30–31,
32–33, 34–35, 36–37, 38–39, 40–41, 43, 44, 46–47, 48–49,
50–51, 52–53, 54–55, 56–57, 58–59, 60–61, 62–63, 64–65, 67,
68–69, 70–71, 72, 73, 74–75, 76, 77, 78, 79; monticello 5; Nella 6,
8, 10, 14, 17, 21, 23, 25, 29, 31, 34, 37, 40, 42, 52, 56, 58, 65, 77,
78, 79; sodesignby 7, 8, 10, 13, 15, 16, 18, 19, 20, 22, 24, 26, 28,
31, 32, 35, 36, 38, 40, 43, 45, 46, 48, 50, 53, 54, 56, 59, 60, 62, 61,
67, 68, 70, 72, 73, 74, 76, 77, 78, 79

Alle weiteren Fotos: design cat GmbH